CONODOMBRA

W0401452

© 2024 Pelledoca editore s.r.l. Milano

Idea e testi di Collettivo Tra le Righe

Grafica e redazione: Bebung

In copertina: elaborazione grafica immagini da ©Shutterstock
A pagina 4: ©Shutterstock/Andrei Dubadzel

ISBN 978-88-9479-1525

IL CASO DELLA
BELVA DI VIA SAN GREGORIO

CONODOMBRA

CASO O DESTINO?

1937

Nel silenzio dorato di una notte incerta, Rina Fort posa il suo sguardo sull'uomo seduto al bordo del letto. La luce fioca danza tra le pieghe dei tendaggi, disegnando ombre intricate sul suo volto. Giuseppe Benedet, il suo sposo, è immobile, un'ombra sbiadita di ciò che era stato. Il respiro affannoso di lui si confonde con il fruscio del vento che s'infiltra tra le fessure delle finestre socchiuse. Rina stringe i lenzuoli, osservando il volto di Giuseppe che tradisce un'espressione sospesa tra la lucidità e l'oblio. Il profumo delle candele accese aleggia nella stanza e mescolandosi con il profumo dei loro corpi crea un'atmosfera eterea, irreale.

«Giuseppe» sussurra Rina, la sua voce un sottile filo nel buio.

«Siamo qui, insieme, in questo momento. Null'altro conta.»

Giuseppe solleva lo sguardo, i suoi occhi opachi riflettono un universo che solo lui può vedere.

«Rina» mormora, le parole come frammenti di un sogno lontano, una realtà immaginaria.

«Siamo naufraghi in un mare di illusioni, prigionieri di un destino che ci sfugge.»

La voce di Giuseppe è un eco smorzato, un richiamo al di là delle acque profonde dell'anima. Rina si avvicina, le sue mani sfiorano la pelle di lui.

Giuseppe è già lontano, trascinato via dalle correnti invisibili della sua mente. Le sue parole si perdono nell'oscurità. Rina lo abbraccia, disperata nel suo amore, nella paura che comincia a crescere dentro di lei.

E così, nella stanza silenziosa di un piccolo albergo, il tempo si ferma, sospeso tra il sogno e la realtà, mentre Rina stringe forte il suo neosposo al petto.

Giuseppe la scansa.

Rina osserva con occhi pieni di sgomento mentre Giuseppe si alza e indossa una delle sue camicie da notte. I suoi gesti sono offuscati, coperti da un'ombra inquietante di follia.

«Giuseppe, cosa stai facendo?» chiede Rina, la sua voce tremante nell'aria carica di tensione.

Giuseppe sorride, ma è un sorriso privo di calore, un riflesso distorto.

«Sto facendo solo quello che è giusto, cara Rina» risponde, le parole cadenzate come una litania stanca.

«Adesso ti insegno io come essere una brava sposina...»

Con gesti lenti e deliberati, Giuseppe prende delle strisce di stoffa e si avvicina a lei sul letto.

Rina prova ad alzarsi ma lui la afferra e la costringe a rimanere seduta. Le lega i pezzi di stoffa intorno ai polsi e alle caviglie, fissandola al letto con una determinazione che non conosce freni né rimorsi.

La sua presa è ferma, implacabile, come se fosse mosso da una forza invisibile, più potente di lui stesso.

Rina cerca di resistere, ma è come se il suo corpo fosse diventato di piombo, incapace di opporsi alla volontà di Giuseppe. Le lacrime solcano il suo viso mentre l'angoscia si insinua nel suo cuore, avvolgendolo in un gelo di terrore.

«Perché, Giuseppe?» chiede, la voce soffocata dall'emozione. «Perché stai facendo questo?»

Giuseppe si china su di lei, il volto sfiora il suo, trasudando un'aura di follia e disperazione.

«Qualcuno ti deve pur insegnare come si fa, tesoro» la sua voce è un sussurro sommesso nell'oscurità.

Detto questo Giuseppe Benedet si alza, prende la cintura che poco prima era infilata nei passanti dei suoi pantaloni e la stringe in mano.

Picchia Rina finché la porta non viene sfondata da uno degli inservienti.

La polizia porta via Giuseppe Benedet poche ore dopo, ammanettato. Verrà considerato instabile mentalmente e ricoverato in manicomio, ma Rina ancora non lo sa.

Con la camicia da notte coperta dalla giacca del proprietario dell'albergo resta tremante seduta sugli scalini dell'ingresso, guardando gli agenti che portano via quello che non è più l'uomo che pensava di aver sposato.

Non è il primo amante che perde, il suo primo fidanzato è morto di tubercolosi poco prima del matrimonio.

Rina si guarda le mani bagnate di lacrime e sudore domandandosi quando il destino si deciderà a mandarle l'uomo giusto.

1944

Piove su Milano. Il sangue dei civili e dei nazisti si mescola e si scioglie tra i ciottoli che pavimentano le strade della città, scivolando via con l'acqua.

Una finestra si apre debolmente al secondo piano di un grande palazzo. Sotto la finestra, molto più in basso, c'è un giardinetto rettangolare e curato, la terra umida è intrisa di pioggia.

Cominciano a sbucare i primi fiori bianchi della primavera, imperlati e lucidi che baluginano nella notte come tanti piccoli occhi.

Lo scroscio dell'acqua copre un po' il pianto del neonato all'interno dell'appartamento con la finestra spalancata. La madre, dopo aver aperto le ante, lascia che le gocce fredde le picchiettino il volto gonfio per le lacrime calde e che il vento impetuoso la spettini.

La ragazza è giovane, ha i capelli sciolti e la camicia da notte scombinata: si è appena svegliata da un terribile incubo.

Si avvicina alla culla e prende il bambino, il cui visino è fiocamente illuminato da una luce della candela. Lo culla e gli sussurra qualcosa appoggiando la guancia sulla sua testolina.

Si avvicina con lui alla finestra tremando, torna indietro poi si avvicina di nuovo.

La stanza è buia, è notte fonda.

Reggendosi con una mano alla cornice della finestra la madre resta in piedi sul davanzale.

La pioggia cade forte sui suoi capelli e le spalle, la camicia da notte si appiccica alla pelle.

Stringe ancora una volta il suo bambino e poi fa un passo avanti nel vuoto, guardando in alto. Così ha deciso: niente più incubi per lei.

Lo schianto allarma i vicini ancora svegli e sveglia quelli che stavano dormendo.

L'urlo disperato di una donna straccia il cielo.

Per la donna e il suo bambino è già troppo tardi.

Tutti si accalcano ancora in pigiama, bagnandosi i piedi, in quel palazzo di via San Gregorio.

1946

Il muso lungo della macchina di lusso è una visione inusuale in via San Gregorio, il veicolo si muove lentamente con l'incedere di una pantera a caccia.

Alcuni occhi restano a fissare la capote chiusa, altri si fermano sulle rifiniture luminose e tondeggianti.

Non solo una macchina: una gran macchina.

I finestrini posteriori sono oscurati da tendine in spesso velluto blu scuro.

La macchina parcheggia a bordo strada e dal sedile del guidatore scende un uomo allampanato con i capelli impomatati pettinati all'indietro.

Con uno sguardo serio e concentrato l'autista si sposta per aprire la portiera. Una vecchia signora così minuscola da essere più cappello che altro scende tremolante dal sedile posteriore.

L'autista alza lo sguardo verso la strada e i suoi occhi si spalancano, apre la bocca come per urlare, ma si sente solo un gran frastuono. È un colpo di pistola.

Raggiunge l'autista in pieno petto, buttandolo a terra.

L'uomo ha appena il tempo di inalare il profumo di lavanda della sua cliente, poi chiude gli occhi per non riaprirli mai più.

GIUGNO 1945

Sopra Milano splende un sole accecante.

Gli edifici distrutti e parzialmente ricostruiti si ergono austeri sotto il cielo estivo, nonostante i tetti sfondati e le finestre infrante. Mille braccia accatastano, spostano e riparano senza sosta con la cura di chi arde di speranza e voglia di rinascere.

Mattoni, carriole e pale giacciono appoggiate qua e là per le vie.

Qualcuno si ferma per asciugarsi la fronte sudata, mentre qualcun altro porta acqua fresca e indumenti puliti ai lavoratori.

Il quartiere di Porta Romana echeggia di voci, donne con borsette che penzolano audacemente sopra gambe scoperte, uomini che urlano trascinando borsoni pieni di gioielli e orologi in vendita, il resto è nascosto tra le pieghe delle camicie.

Un uomo con il viso squadrato, gli occhi piccoli e capelli e barba folti e neri come la pece sta camminando con un grosso sacco sulla schiena, dal quale sbuca un lembo di tessuto a quadretti.

I capelli gli si sono un po' appiccicati alla fronte con il sudore.

Sembra perso nei suoi pensieri, l'espressione scoraggiata e stanca.

Si guarda attorno, il suo viso si accende e fa cenno a un uomo di avvicinarsi: «Signore! Buongiorno! Dove va così di fretta? Che non le interessa un tessuto bello bello?»

«Mi lasci in pace, non ho tempo per queste stupidaggini truffaldine!» ribatte l'altro.

«Non c'è mica bisogno di agitarsi così! Eh! Una frase così lunga per uno che non ha niente da dire!» borbotta l'uomo passandosi le dita sulla fronte bagnata.

Quello che si sta allontanando si gira un'ultima volta per gettargli un'occhiata in cagnesco.

L'uomo con il sacco si allontana a passo veloce, imbocca una via, poi un'altra e infine rallenta.

Si ferma un momento e chiude gli occhi alzando il naso per aria.

Un profumo così si sente anche in un'estate afosa a Milano per chi ha il naso giusto.

L'odore dolce e avvolgente dello zucchero a velo e quello denso della ricotta lo riportano immediatamente alla sua infanzia, quando era ancora un bambino a Catania.

Un'infanzia cotta tra sabbia e sole, fuliggine e sorrisi. Non se ne è andato volentieri, ma gli affari lo hanno chiamato con la voce suadente di una sirena.

Quel profumo così delicato e struggente gli fa battere il cuore per un momento.

Segue la pista fino ad arrivare davanti alla vetrina di una pasticceria tutta vassoi dorati e fiocchetti arricciati.

Senza pensarci due volte spinge la porta d'ingresso della Pasticceria Massesi da cui proviene quel magico aroma. Il campanello sopra lo stipite trilla annunciando il suo arrivo.

All'interno i pochi clienti sono appollaiati sui divanetti e ai tavolini tondi, c'è chi gusta un caffè con una pasta e chi chiacchiera distrattamente.

Dietro il bancone si muove una donna con una sigaretta spenta a penzoloni tra le labbra. Appena la vede Giuseppe deve fermarsi un momento per assorbire meglio l'interezza di quella figura che lo lascia spiazzato. È davvero bellissima.

Occhi grandi, sopracciglia eleganti, naso sottile e zigomi alti. Ha i capelli scuri acconciati con cura e ha le labbra tinte di rosso che macchiano il filtro della Muratti.

Si passa una mano tra i capelli e cerca di dare un'occhiata a se stesso nello specchio dietro di lei.

«Buongiorno!» dice Giuseppe avvicinandosi, spostando il grosso sacco pesante da una spalla all'altra, «Che me lo darebbe un cannolo per cortesia?»

Rina, così si chiama la donna bellissima, si avvicina alla vetrinetta, ne prende uno con le pinze e lo appoggia con cura su un tovagliolino.

Giuseppe lo prende e lo rimira attentamente: croccante, colorato con la granella di pistacchio e la ciliegia candita, invitante come piace a lui.

Gli dà un bel morso.

«Mhhhhh!» mugugna con la bocca piena di crema, «Buonissimo! Mi sembra di essere tornato a casa!»

La donna si gira: «Ma che fa? Parla da solo? Guardi che io con i matti ho chiuso da un pezzo».

Il tono è a metà tra il serio e lo scherzoso, i due si scambiano un'occhiata che basta a entrambi per intuire una certa simpatia istintiva.

Una piccola smorfia si espande in direzione dell'uomo.

«Non è che ora scappa pure senza pagare?» chiede di nuovo in tono canzonatorio lei.

«Quando c'è una signora bella come lei in negozio e un cannolo così buono, difficile voler scappare...» l'occhio di Giuseppe cade sulle gambe lunghe che spuntano dalla gonna oltre il bancone.

«Un angelo come lei avrà anche un nome, vero?» aggiunge dando l'ultimo morso al dolcetto.

La donna lo scruta davvero per la prima volta, poi inarca un sopracciglio. Un angolo della bocca risale in un mezzo sorriso.

«Rina, mi chiamo.»

«Rina! Che nome incredibile, ma ha una sigaretta anche per me magari?»

Rina aggrotta le sopracciglia: di solito gli uomini che conosce offrono le sigarette, non le chiedono.

Gli occhi dell'uomo sono intensi. Sempre sorridendo lei fruga nella borsetta e gli porge una Muratti.

«Tra quindici minuti io qua ho finito, lei dopo che fa?» chiede mentre Giuseppe cerca un fiammifero nella tasca.

LUGLIO 1946

La Lancia Ardea sobbalza piano sulla strada sterrata, si ingolfa un po' e poi riparte.

Tutta attorno alla macchina si snoda la periferia milanese, una campagna gonfia di sole e fiori.

I finestrini sono abbassati e i capelli morbidi di Rina si muovono con l'aria insieme al vestito e lo spolverino che si è buttata sulle spalle per proteggersi dal sole e dal vento.

Lei sorride chiudendo gli occhi, la mano vicina alla coscia di lui.

Giuseppe al volante tiene gli occhi fissi sulla strada, l'espressione concentrata che sobbalza su e giù con le irregolarità del terreno.

«Arriveremo quando farà buio se continua così!»

La tovaglia ripiegata con i piattini che tintinnano dentro è appoggiata sui sedili posteriori. C'è anche un cestino con una bottiglia di vino e qualche tramezzino.

La macchina non ne può più e si ferma bruscamente, un fumaccio nero si solleva tutto attorno.

I due si scambiano un'occhiata interrogativa.

«Non posso crederci!» Giuseppe apre la portiera con un gesto brusco.

Rina resta a guardarlo attraverso il parabrezza. È proprio bello con i capelli pettinati all'indietro e la fronte un po' lucida per il sudore.

L'uomo tocca il cofano e solleva la mano. «Scotta!» sibila inviperito.

La macchina emette un altro sbuffo beffardo per prenderlo in giro.

Il cofano si apre sotto la spinta di un gesto deciso: quando la lamiera si solleva, il fumo scuro peggiora.

«Oddio! Va a fuoco!» Giuseppe si allontana con la faccia accartocciata per la sorpresa.

Rina, che è rimasta seduta fino a quel momento, apre la portiera del passeggero e lo raggiunge.

Con la mano sicura e un'espressione determinata comincia a trafficare con le interiora metalliche della Lancia Ardea.

I suoi occhi scrutano il motore con attenzione mentre Giuseppe la osserva con un misto di speranza e preoccupazione.

La bocca tinta con il solito rossetto rosso si inclina in una curva familiare che dice: Rina sta pensando.

«Ah, ecco il problema» esclama lei, una cinghia di trasmissione sembra essersi allentata e striscia contro una parte metallica del motore, causando un rumore sgradevole e preoccupante.

Senza esitazione Rina si sfila lo spolverino leggero dalle spalle. Nel frattempo, un piccolo fuoco comincia a divampare vicino alla marmitta.

Tutta la macchina sembra infuriata.

Rina, senza perdere la calma, afferra lo spolverino, lo sbatte un paio di volte sulla fiammella che presto si affievolisce fino a scomparire.

Si avvolge lo spolverino attorno alla mano per non rovinare le mani fresche di manicure e con quella barriera improvvisata aggiusta la cinghia. Un altro paio di colpetti e la macchina è pronta a ripartire. Richiude il cofano con un tonfo secco, poi si gira.

«Ecco fatto» dice con un bel sorriso soddisfatto, «dovrebbe reggere, almeno penso!»

Giuseppe la guarda con ammirazione, gli occhi scuri spalancati per la sorpresa.

Non è la prima volta che Rina aggiusta qualcosa: l'ha vista riparare i cardini di una porta, un giradischi, una sveglia e, in qualche modo, anche la vita di lui.

Prima di incontrarla Giuseppe andava in giro qua e là cercando di vendere le sue stoffe e saltando da una sistemazione precaria all'aria: si sono incontrati in pasticceria e nemmeno un mese dopo si era trasferito nel piccolo appartamento di lei in via Mauro Macchi.

Adesso gli affari vanno a gonfie vele al punto che comincia a pensare di aprire un bel negozietto tutto suo.

Era arrivato così, come un gatto randagio scivolato dentro casa da una finestra dimenticata aperta.

Guardandola si sente riempire il cuore di gioia: quella donna ha una soluzione a tutto.

Bella, capace, cosa si potrebbe chiedere di più? Davvero nulla. Peccato solo non poterla sposare. Quel pensiero lo fa sorridere.

«Sei davvero sorprendente, Rina, non so cosa farei senza di te.»

Si avvicina per stamparle un bacio sulla tempia, lei ridacchia abbassando il mento.

«Ma no Pippo, non è niente di che, davvero!» e mentre dice così si lascia baciare docilmente.

Dopo aver sistemato tutto, i due risalgono in macchina.

L'occhio di Giuseppe cade sullo spolverino di Rina, che è punteggiato di bruciature e fuliggine.

Pur essendo un piccolo sacrificio per la sicurezza della macchina e di entrambi, Rina lo osserva con un sorriso malinconico, sapendo che ogni imprevisto porta con sé un piccolo prezzo da pagare.

«Te ne regalerò uno io quando viene l'inverno, di quelli da vera signora!» dice lui facendo ripartire il motore a tutto gas.

«Dovrà essere bello davvero» lo stuzzica Rina passando una mano sopra i bordi frastagliati della stoffa rovinata.

Mentre i piatti cozzano e scivolano sui sedili posteriori, cominciano entrambi a cantare allegramente, con il sole che li tinge di luce dorata.

AGOSTO 1946

È un giovedì sera come tanti altri. Il sole è calato e ha lasciato spazio a una luce blu che bagna i palazzi preannunciando una notte fresca anche nel pieno dell'estate.

I lavoratori di Milano rientrano a casa, si tolgono i vestiti che portano i segni di una lunga giornata di lavoro. Alcuni si fermano un po' in un parco o all'angolo di una via per fumare una sigaretta e fare quattro chiacchiere, trattenendosi un minuto di più per una risata o un pettegolezzo.

C'è un certo fermento: si cerca lo svago, chi con un bicchiere di vino, chi con qualche sconosciuto incontrato poco prima.

In via San Gregorio, a gambe saldamente divaricate e con le mani sui fianchi, Giuseppe Ricciardi contempla la facciata del suo nuovo negozio con un misto di soddisfazione e ansia.

Indossa il completo grigio a spina di pesce, i baffi sono perfettamente tagliati e i capelli pettinati all'indietro. L'odore della colonia comprata da poco si irradia da sotto il colletto della camicia.

Prende un bel respiro a pieni polmoni. Ora si sente finalmente a posto: un uomo curato con un bel negozio in una delle città più importanti del Paese.

L'insegna dipinta, sobria ma elegante, annuncia a caratteri arricciati e marcati: GIUSEPPE RICCIARDI, tessuti e merceria.

Quella scritta è la promessa di qualcosa di autentico e significativo, qualcosa che aspettava da tempo.

Chissà come saranno felici a Catania quando riceveranno la lettera con la bella notizia.

Lancia un'occhiata ansiosa a Rina, che saltella sulla punta dei piedi alla sua destra.

«Mi dispiace solo che al buio la scritta non si veda così bene! Ma vedrai domani quando è giorno!» dice lui.

Sfila la chiave dalla tasca della giacca e, facendo una faccia buffa, la mostra di nuovo a Rina che scoppia a ridere.

La porta di metallo e vetro cigola un po' e si apre.

Dentro, il negozio è calmo e silenzioso, in attesa della prima apertura.

Giuseppe accende la luce con un sorriso sornione. Rulli di stoffa di varie texture e colori sono disposti ordinatamente sugli scaffali, mentre le vetrine mostrano con discrezione i tesori della merceria: bottoni, fili e aghi.

Pippo e Rina, immersi in un silenzioso compiacimento, si aggirano per quel piccolo spazio cercando di imprimere nella mente ogni dettaglio, sfiorare ogni cosa con la punta delle dita. È lì, è tutto vero.

Ci sono voluti tanti sforzi e tanti sacrifici eppure eccolo.

Giuseppe sparisce nel magazzino, lasciando Rina un momento da sola.

Lei si guarda nel riflesso ombroso della vetrina.

Per un momento si ricorda di lei bambina, le piccole mani che cercano di trattenere le mani grandi e calde del padre mentre lui precipita giù durante una scarpinata in montagna.

Una grande voragine le si apre nel petto e per un momento vorrebbe avere lì con sé quella bambina, accarezzarla e abbracciarla, mostrarle la vita adulta che è andata avanti.

Ma la bambina rimane irraggiungibile, una figura in un romanzo illustrato, un graffio su un vetro lontano.

La sensazione di vuoto non si placa, Rina sa già cosa fare per non rimanere intrappolata: si gira per cercare Giuseppe con lo sguardo, per dargli tutto quell'affetto che ribolle dentro di lei.

Lui compare proprio in quel momento con un balzo da ballerino esperto: «Guarda qua!»

Alza in alto la mano destra che stringe una bottiglia e poi solleva anche la sinistra, in cui tiene due calici vuoti intrecciati con le dita.

Il pop della bottiglia che si stappa riempie il silenzio e poi tutti e due si lasciano andare a una risatina complice.

Non c'è bisogno di parole mentre le bollicine danzano nelle flûte e i loro sguardi si intrecciano in un dialogo silenzioso che va al di là delle parole.

Non lo sanno: due acrobati sospesi nel vuoto che stanno provando sensazioni completamente diverse.

Pippo si avvicina a Rina con un'espressione di gratitudine e devozione.

«Guarda dove siamo arrivati, Rina» sussurra, il tono della sua voce bassa carico di emozione.

«Sei stata al mio fianco in ogni passo del cammino. Una femmina impareggiabile sei...»

Rina sorride, ma nei suoi occhi si intravede una sfumatura di malinconia: Giuseppe non la vede.

Lei abbassa il bicchiere mezzo vuoto e per un momento il volto si oscura.

«Hai comprato anche l'appartamento che sta qua sopra nel palazzo, vero?» chiede, la voce sommessa e carica di timore.

Pippo avvicina la sua mano a quella di lei e le sfiora il dorso con la punta delle dita in un gesto lento e curato.

«Sì, ma non temere, amore mio. Ti lascio finalmente il tuo appartamento, era troppo che ti disturbavo.»

La sua bocca si avvicina ai capelli irrigiditi dalla piega e il suo fiato caldo si infrange contro la pelle sottile del collo di lei.

«Ma il nostro legame sarà più forte che mai. Lavoreremo insieme ogni giorno, condividendo ogni gioia... tu sei la mia compagna in questa avventura.»

Le sue labbra si avvicinano ancora di più, un brivido corre giù per la schiena di Rina.

Lei annuisce, una leggera ombra continua a danzare nei suoi occhi, una premonizione silenziosa di tempesta.

Girandosi verso di lui un pensiero la pervade: si pente di aver indossato un vestito così buono quella sera. Lo liscia con la mano libera: è un tailleur borgogna, regalo di un amante che pensava di potersi conquistare così uno spazio nei suoi pensieri.

Peccato che ogni frammento della sua anima chiami il nome di Giuseppe.

Si lascia andare sotto il tocco di lui senza potersi opporre, senza frizione.

Si dice che, per ora, aggrapparsi al calore e alla sicurezza del momento presente è la scelta migliore: il futuro si fa da sé.

SETTEMBRE 1946

Rina sente il mondo crollare intorno a lei quando la rivelazione si infrange come un'onda inarrestabile. Giuseppe, l'uomo che ha condiviso con lei speranze e sogni, ha nascosto di essere sposato.

Un segreto celato nel buio dei suoi silenzi, un'ombra che ora si stende minacciosa tra di loro.

Tutte le cose che ha fatto per lui, dal primo incontro a ora, bruciano addosso come braci ardenti.

Umiliazione e rabbia colorano i ricordi fino a soffocarli.

L'ombra di una moglie si aggirava silenziosa per la camera mentre loro stavano a letto insieme, l'ombra di una moglie diventava sempre più grande man mano che si avvicinava l'acquisto del negozio.

Avrebbe dovuto capirlo quando lui ha preso l'appartamento. Stupida, stupida e ancora stupida.

Il magazzino, solitamente un rifugio tranquillo tra i rotoli di tessuti e il profumo di cotone, si riempie di aria velenosa.

Giuseppe resta in un angolo, le mani in tasca e la testa bassa. Ha perso tutta la voglia di fare il maschio adesso.

Rina senza guardarlo si gira, prende un rotolo di tessuto e lo butta per terra, sbilanciando anche l'asse da stiro e rischiando di far cadere tutto a terra. Il suono sordo dell'impatto risuona nell'aria, simile a un grido di protesta contro l'inganno e il tradimento.

Lo sguardo di Rina è un misto di fervore, disillusione e profonda tristezza. Giuseppe non riesce a guardarla dritta negli occhi.

«Ti tirerei il ferro da stiro in faccia!» grida, le parole un fiume di dolore che scorre libero dal suo cuore ferito. «Me l'hai tenuto nascosto fino a ora! Adesso lei viene qui e cosa farai?»

Giuseppe cerca di avvicinarsi cautamente, il suo viso contrito, le mani tese in un gesto di supplica.

Darebbe qualsiasi cosa per calmare la sua amante più fedele: ma lei non capisce? Anche per lui sarà una fatica quando arriverà Franca.

Certo, lui ama Franca e i loro tre figli, l'ha anche messa incinta pochi mesi prima.

Prima o poi sarebbe dovuto succedere: già dovrà dire addio a tutte le altre sue conquiste, ma non può pensare di dire addio anche a Rina. È troppo preziosa, troppo utile.

Si fa coraggio e poi finalmente alza la testa per parlare, balbettare qualcosa che possa sembrare sensato.

«Rina, ti prego di ascoltarmi. C'è una spiegazione per tutto questo. Ti prego, calmati e lascia che ti spieghi.»

Ma Rina è troppo immersa nel vortice della sua disperazione per ascoltare. Le emozioni la travolgono come un fiume in piena, portandola via con una forza che la lascia senza fiato.

Si sente tradita, ingannata, e ogni parola di Giuseppe le suona come un'altra pietra nell'abisso che si apre sotto di lei.

«Non voglio sentire le tue scuse» sibila, le parole un filo sottile tra il dolore e la rabbia. Le lacrime minacciano di traboccare dai suoi occhi, ma lei le trattiene con forza, determinata a non cedere a quella fragilità patetica. «Come hai potuto?» una domanda vuota.

Una domanda che cela un'altra domanda: perché mi hai presa in giro? Che cela un'altra domanda: perché ti amo ancora?

In quel gioco di piccole scatole cinesi si potrebbe andare avanti all'infinito.

Giuseppe si avvicina e cerca di afferrare con delicatezza le mani tremanti di quella donna così forte e così fragile allo stesso tempo, che inaspettatamente si sta sgretolando davanti ai suoi occhi.

«Rina, ti prego di comprendere. Io ti voglio lo stesso! Tu per me sei... sei tutto.»

Rina si sofferma per pesare quelle parole e le trova vuote, ma una parte di lei ci si aggrappa disperatamente come un naufrago che cerchi in tutti i modi di rimanere a galla su una zattera improvvisata.

La verità, fredda e implacabile, si erge comunque di fronte a lei come una montagna imponente, e non c'è nulla che possa cancellare la ferita che le ha inflitto.

Con un ultimo sguardo carico di delusione e disperazione, si allontana dal tocco di lui.

«Stai qui ancora un momento: ti prego» sussurra Giuseppe.

Con il cuore pesante di rimorso e speranza lui sparisce nel buio del magazzino. La sua nuca si allontana dal cono di luce creato dalla lampada accesa vicino all'asse da stiro.

Rina guarda il soffitto: che qualcuno li abbia sentiti?

Apre la porta del magazzino per guardare nel negozio: Pina, la commessa, è già andata via.

Che Giuseppe abbia fatto l'amore anche con lei? Il pensiero la punge.

È estremamente probabile: Pina è una bella ragazza con gli occhi accesi e i capelli biondi, sicuramente Giuseppe non se l'è fatta sfuggire.

Questo spiegherebbe anche perché guardi sempre in tralice Rina quando la vede arrivare.

Per un momento una risata amara le cresce in gola: certo lei e Giuseppe hanno amanti, ma lei almeno non è sposata.

Lui intanto, nascosto tra le pieghe dell'ombra, trova ciò che cerca: un cappotto nuovo di zecca, un dono pensato proprio per Rina, ancora incartato.

La luce fioca del magazzino accarezza le sue forme, svelando la sua bellezza senza tempo. È un cappotto pregiato, fatto su misura, confezionato con lana di alta qualità e cucito con la maestria di un artigiano esperto.

È il regalo che avrebbe voluto dare a Rina a Natale, un simbolo del suo affetto e della sua gratitudine per tutto ciò che lei ha fatto per lui.

Con passi lenti e misurati Giuseppe torna da Rina, il cappotto stretto tra le braccia come uno scudo. Quando lei lo vede avvicinarsi con gli occhi ancora offuscati si ferma, incerta su cosa aspettarsi.

«Rina... amore» sussurra Giuseppe, la voce un filo di emozione che si spezza nell'aria.

«Volevo darti questo a Natale, ma non posso aspettare. È per te.»

Con un gesto solenne, pone il cappotto tra loro, un ponte fragile e caldo.

Rina lo guarda con un misto di sorpresa e commozione mentre stende una mano tremante per accarezzare la morbida lana.

Basta questo gesto per spegnere il fuoco dentro di lei.

«È bellissimo» sussurra, le parole tra la gratitudine e la meraviglia.

Giuseppe sorride, un riflesso di speranza che danza nei suoi occhi accesi.

«Rina, per favore, non lasciare che questa scoperta rovini ciò che abbiamo. Tu conti per me, sempre.»

Le fa cenno di girarsi per aiutarla a indossare il regalo.

Rina si lascia avvolgere dall'abbraccio del cappotto, un manto di calore e conforto che la stringe come le braccia di un nuovo amante dolce e premuroso.

Sente il peso dei ricordi e del sospetto scivolare via, sostituito da un senso di calma.

Con un sorriso incerto ma sincero, lei accetta il dono.

Immediatamente si gira e quasi inciampa nel rotolo di tessuto che ha buttato a terra un momento prima.

Gli occhi di Giuseppe e i suoi si incontrano.

Scruta ogni centimetro del viso di lui: la mascella, le sopracciglia, la linea dura del volto.

C'è qualcosa di profondo sotto il volto di un bugiardo, un pozzo buio e imperscrutabile. Ancora peggio della bugia è la motivazione che spinge a mentire: perché non dirle tutto? In fondo, Rina ha passato ben di peggio che l'essere un amante nella sua vita. Tutto sommato potrebbe anche abituarsi all'idea di essere l'*altra donna*. L'ha già fatto tante volte, cosa sarà mai?

Si stringe un po' più forte addosso a Giuseppe.

OTTOBRE 1946

Il treno sfreccia silenzioso verso la stazione di Milano Centrale, portando con sé una carovana di vite legate insieme da un destino incerto.

Molti passeggeri si sono addormentati sopra i bagagli, i volti rilassati e le bocche semiaperte.

Franca, con lo sguardo perso nel paesaggio che scorre oltre il finestrino, si aggrappa alla speranza che questa città possa offrire una nuova vita per la sua famiglia.

Accanto a lei, i suoi tre figli: Giovanni, Giuseppina e il piccolo Antonio, gli occhi pieni di curiosità e incertezza di fronte a un mondo così diverso da quello che hanno conosciuto a Catania.

La valigia di Franca, logorata dal lungo viaggio, è pesante, carica di ricordi e speranze per il futuro.

Mentre il treno rallenta, sente il cuore battere forte nel petto, l'emozione e la paura si mescolano in un vortice dentro di lei.

Aspettava da tanto questo momento e adesso che è arrivato la paura rischia di offuscarlo completamente.

Alla stazione di Milano Centrale, il frastuono e l'agitazione del viaggio si mescolano con il tumulto della folla che si riversa fuori dai vagoni.

La fiumana di corpi confonde, troppo per essere assimilato tutto insieme.

Franca, tenendo stretti i suoi tre figli, cerca con lo sguardo il volto familiare di suo marito, ma trova invece una figura di donna ferma a fissarla: Rina.

Il marito le ha parlato di lei nelle lettere, ma si è dimenticato di dirle quant'è bella.

Rina si avvicina con un sorriso cordiale, gli occhi luminosi e i denti bianchissimi.

«Benvenuta a Milano, Franca» dice con voce calda.

«Sono qui per aiutarti.»

Franca la guarda con sospetto, il suo cuore si stringe leggermente di fronte a quella bellezza disarmante.

Rina è una donna che non si può non notare, è bellissima. E Franca non può fare a meno di sentirsi minacciata dalla sua presenza. Una piccola voce dentro di lei sussurra dubbi e timori, alimentando il fuoco del suo sospetto.

«Perché sei qui al posto di mio marito?» chiede Franca con voce fredda, gli occhi stretti scrutano il volto di Rina con diffidenza.

Rina, nonostante la freddezza nel tono di Franca, rimane calma e composta.

«Sono Rina, la collega di tuo marito» le lancia un'occhiata, «ha avuto un contrattempo, così mi ha chiesto di venire a prendervi.»

Franca annuisce con un cenno breve, ma il sospetto continua a bruciare nel suo petto. Certe cose una moglie le sente, Rina emana una vibrazione contraddittoria.

Con un respiro profondo, Franca si prepara ad affrontare questa nuova sfida, consapevole che il futuro è un territorio incerto e imprevedibile.

Rina prende la valigia e si allontanano dalla Stazione Centrale, con i suoi fumi e il rumore incessante.

Franca si sente come un pesce fuori dall'acqua, sballottata nel vortice frenetico di Milano dopo il lungo viaggio da Catania.

I suoi occhi, velati dalla stanchezza e dalla sorpresa, scrutano il nuovo mondo che si apre davanti a lei.

Accanto ha i suoi tre figli, anche loro hanno lo sguardo pieno di meraviglia e incertezza, assorbono ogni dettaglio di questa città che sembra provenire da un altro universo.

Rina, con una certa eleganza riservata, accompagna Franca e i bambini attraverso le strade trafficate, i loro passi risuonano nell'aria carica di odori e suoni sconosciuti.

C'è un silenzio imbarazzato tra le due donne, un baratro di incomunicabilità che separa le loro vite e le loro esperienze.

Arrivate alla merceria di Giuseppe, Franca e i bambini sono accolti con calore da Pina Somaschini, la commessa, il cui sorriso luminoso sembra dissolvere un po' della tensione nell'aria.

«Eccola qua signora!» anche Pina è bella.

Sono tutte belle in questo microcosmo creato da Giuseppe.

Con gentilezza inarrestabile, Pina prende la valigia e li accompagna insieme a Rina al primo piano del numero 40 di via San Gregorio, dove si trova il loro nuovo appartamento.

Franca si sente un po' fuori posto in questo ambiente nuovo e sconosciuto, ma la prima gratitudine comincia a farsi strada dentro di lei.

Nell'appartamento, mentre Franca e i bambini si ambientano timidamente, Rina cerca di farli sentire a casa, con parole gentili e gesti premurosi.

Mostra loro come far funzionare l'acqua calda e li aiuta a sistemare gli indumenti negli armadi dove ci sono già le cose di Giuseppe.

Ogni gesto di Rina è analizzato da Franca con attenzione, cerca di scoprire il trucco che si cela dietro tutta quella gentilezza.

La tensione tra le due donne è palpabile, un sottile filo teso che minaccia di spezzarsi da un momento all'altro, ogni gesto è misurato e pensato come un buon vestito che maschera le imperfezioni e accoglie le forme.

Quando gli occhi di Franca si posano sul cappotto di Rina, un capolavoro di eleganza e raffinatezza, un sorriso sincero si dipinge sul suo volto.

«Che bello il tuo cappotto» mormora. «È davvero splendido. È fatto su misura?»

Rina, colta di sorpresa dal complimento inaspettato, arrossisce leggermente.

«È un regalo» risponde, lisciando la manica di lana.

L'appartamento nuovo di Franca e dei bambini è un rifugio modesto, ma accogliente, dove ogni spazio è sfruttato al massimo per creare un senso di intimità e comfort. Le pareti dipinte di bianco riflettono la luce naturale che filtra dalle finestre, donando all'ambiente un'aria di freschezza e semplicità.

I mobili, essenziali ma di buona fattura, trasudano sobrietà senza riempire l'ambiente che rimane abbastanza spoglio. Sì, il negozio c'è, ma non sono certo ricchi.

I bambini si sporgono dalle finestre ridendo.

Al centro del cortile del palazzo, un piccolo giardinetto curato dai condomini offre un'oasi di tranquillità e serenità. Le piante, accarezzate dal filo d'aria che filtra tra i rami spogli degli alberi, emanano profumi delicati che si mescolano al suono del vento di ottobre.

Franca si gira e comincia a frugare in uno dei borsoni, poi estrae una bottiglia di liquore incartata.

«Vi posso offrire un bicchierino in cambio di tutta questa gentilezza?» chiede a Pina e Rina.

Le due donne si scambiano uno sguardo velatamente nervoso.

«Ma certo» risponde Pina, accomodandosi su una seggiola.

Rina prende due bicchierini dal mobiletto sopra l'acquaio.

Franca capta con sospetto la sua disinvoltura: sa già dove si trova ogni cosa, quindi deve essere stata lì di recente.

I figli di Franca, con la loro curiosità infantile e i sorrisi contagiosi, si affezionano immediatamente a Rina.

La loro bellezza innocente risplende nella luce soffusa dell'appartamento, illuminando gli spazi.

Rina, sorseggiando il liquore, li accoglie con affetto, stringendoli tra le braccia con una tenerezza che nasce dal più profondo dell'anima.

«Somigli davvero tanto al tuo papà» dice Rina picchiettando un dito sulla punta del naso di Giovannino. «Da grande farai conquiste» aggiunge buttando giù un sorso con un sorriso enigmatico.

Poi, sfilando una sigaretta e i fiammiferi dalla borsetta, contempla ostinatamente i bambini che giocano sul pavimento.

Pina la guarda storto, cercando di nascondere la smorfia con un: «È forte questo liquore!»

Franca scoppia a ridere forzatamente.

«Non scherziamo giù a Catania, eh!»

5 NOVEMBRE 1946

Nel cuore della Milano notturna, in un bar avvolto da un'atmosfera densa di fumo e di segreti, Giuseppe e il suo amico Carmelo si ritrovano e si salutano con grosse pacche sulle spalle.

Tre cose sono importanti nella vita di Giuseppe: le donne, gli affari e gli amici.

Nonostante sia molto impegnato trova sempre un momento per vedere Carmelo, suo confidente fidato.

Si siedono a un tavolino in un piccolo bar, circondati dalle urla e le chiacchiere degli altri clienti.

Le lancette dell'orologio si muovono con lentezza, segnando il passare del tempo inesorabile.

Bevono, si accendono una Muratti da gustare insieme alla birra e chiacchierano a lungo.

Passano le ore, la notte luminosa di Milano vola.

Ora Giuseppe, seduto al tavolo con lo sguardo perso, regge tra le mani un bicchiere di whisky ormai vuoto, i pensieri annebbiati dall'ebbrezza dell'alcol e dalle ombre che danzano nella penombra del locale. Carmelo, accanto a lui, osserva con attenzione il suo amico, il volto solcato da rughe di preoccupazione più profonde di quanto ricordasse.

Le luci soffuse del bar fanno brillare il vetro dei bicchieri e creano un'atmosfera intima, propizia alla confidenza e al distacco dalla realtà. È un momento di verità, di confidenze sussurrate nell'ombra, dove i segreti più intimi trovano rifugio nel calore artificiale dell'alcol.

«Non mi sento tranquillo, Carmelo» mormora Giuseppe con voce sommessa, esalando uno sbuffo di fumo bluastro.

«Da quando c'è Franca, non posso più essere libero! Capisci? Non posso più andare con tutte le donne che vorrei, devo rientrare presto dopo il lavoro o mi fa una scenata che mamma mia...» accompagna la frase con un gesto stizzito della mano.

Le parole di Giuseppe sono semicoperte dai rumori attorno, un lamento sommesso che si infrange contro il chiasso che li circonda come un muro.

Carmelo si china in avanti per ascoltare con attenzione, lo sguardo serio e compassionevole rivolto all'amico, pronto ad accogliere le sue confessioni.

Carmelo è un bell'uomo, anche lui ha avuto le sue donne e i due amici più volte si sono confrontati su questo. Può capirlo, la moglie gli ha rotto le uova nel paniere.

Se li ricorda i bei tempi delle loro scorribande con le donnine dalle calze sottili di nylon e la musica con il giradischi alta.

Ma c'è un'altra ombra che si staglia nell'oscurità della confessione di Giuseppe.

«E poi c'è Rina» continua, il nome della donna che si materializza nel bar come un fantasma della sua presenza corporea.

«Mi chiede sempre di lasciare Franca, ma continua a confezionare vestitini per i miei figli. Figli che non sono i suoi!»

«Queste donne» sospira Carmelo accendendosi una sigaretta a sua volta e lasciandosi andare a una risatina.

Giuseppe si accascia in direzione dell'amico tenendo il bicchiere in alto. L'alcol gli scorre nelle vene, annebbiando i suoi sensi e abbattendo le sue difese, rivelando la sua vulnerabilità più profonda.

«Vorrei solo che Franca tornasse a Catania» sussurra

Giuseppe, passando la lingua sul bordo del bicchiere.

È un lamento sommesso nel buio della notte, un'invocazione al destino che sembra aver perso il suo corso.

«Ma magari la si può convincere, no?» chiede Carmelo con un cenno.

«Macché! Quella adesso non si schioda più, te lo dico io...» alza la testa per bere un sorsetto, «in più ha dei sospetti, sai?»

«Che sospetti?»

«La vedo come guarda Rina... Forse sa qualcosa.»

Carmelo strabuzza gli occhi e poi scoppia a ridere: «Eh be', non passa inosservata quella, ma mica solo tu!» Un altro rivolo di fumo scivola via tra le labbra: «Anche con i tedeschi e tutto quanto eh...»

Giuseppe si fa scuro in volto.

Carmelo gli appoggia bonariamente una mano sulla spalla: «Di', sarai mica geloso eh?»

Giuseppe non risponde, gli occhi fissi in direzione del soffitto.

«Queste donne a volte vorrei non averle mai incontrate...»

«Sì sì, e poi chi ti scaldava il letto eh?» Carmelo ride di nuovo, con la sua voce piena e la sua allegria.

30 NOVEMBRE 1946

7.50

Fa freddo, la notte sta cedendo con lentezza il posto al giorno e una brina leggera ricopre Milano.

I milanesi non si stancano di ricostruire, rifare e vivere la loro città.

Con addosso un cappotto pesante abbottonato fin sotto il mento, Pina Somaschini si avvicina al negozio con la solita calma. Sotto il braccio tiene un sacchettino di carta con dentro una brioche che intende gustarsi non appena sarà sola in magazzino visto che oggi ci sarà Franca ad accogliere i clienti e lei invece dovrà stirare nel retro.

Comunque Giuseppe non c'è, è partito il giorno prima per Prato, quindi sia Franca che Pina possono fare le cose con calma come piace a loro, senza quello lì ad abbaiare continuamente che c'è un ago fuori posto qui, un rifornimento di materiale là eccetera.

Certo, gli affari non vanno proprio bene da quando Rina non lavora più lì, ma sicuramente ne ha guadagnato lo spirito.

Quando arriva però Pina trova la saracinesca ancora abbassata. Strano, il negozio dovrebbe già essere aperto.

Bussa piano con la mano avvolta in un guanto e avvicina l'orecchio al metallo freddo.

Nessun rumore. Nessuno risponde.

Il primo pensiero è: "Che la Franca non si sia svegliata? O forse è successo qualcosa con i bambini?"

Sfila il mazzo di chiavi dalla tasca e fa i pochi passi per arrivare al numero 40 di via San Gregorio.

«Buongiorno Passerini!» Pina saluta il proprietario del negozio vicino, che ricambia con un sorriso.

Anche la portinaia la saluta amichevolmente vedendola entrare nel portone del palazzo. La donna sale le scale fino al primo piano.

Bussa alla porta con la consueta compostezza, aspetta pazientemente una risposta che tarda ad arrivare.

Una sensazione sgradevole le scoppia alla bocca dello stomaco.

Con la mano incerta apre la porta con la sua copia delle chiavi.

L'appartamento è silenzioso e freddo.

Nella penombra, una figura distesa sul pavimento attira la sua attenzione.

C'è qualcosa di strano, un'immobilità inconsueta in quella sagoma. Poi la vede: una pozza di sangue gigantesca si allarga sotto la figura.

Pina lancia un urlo: «Aiuto!»

Si precipita giù per le scale e istintivamente, ancora urlando, esce in strada.

Il primo volto che incontra è quello di Passerini, il proprietario del negozio vicino.

«Passerini! La prego, corra! Presto!»

Passerini è un uomo alto e allampanato, calvo e molto tranquillo. Le urla di Pina lo mettono in allarme.

«Somaschini, ma che succede?»

«Venga! La prego!» Pina lo prende per un braccio.

I due risalgono insieme le scale fino all'ingresso dell'appartamento, la porta è rimasta aperta.

Passerini getta uno sguardo all'interno, il suo viso si contrae in un'espressione di raccapriccio.

Nel frattempo anche la portinaia li ha raggiunti e tiene una mano sulla bocca spalancata.

«Vado subito a chiamare la questura» annuncia con voce ferma e così dicendo scende fino in portineria.

9.30

Il commissario Nardone si erge al centro dell'appartamento, un'ombra imponente nella stanza immobile. È un uomo dallo sguardo penetrante, baffi folti e naso aquilino.

Il corpo di Franca e quelli dei tre bambini sono stati scempiati. A tutti è stata spaccata la testa con violenza, persino ad Antoniuccio che era poco più che un neonato.

Tutti indossano vestiti pesanti e c'è la cartella di Giovannino appoggiata sul tavolo, pronta per la scuola.

Per ucciderli deve essere stato usato qualcosa di metallico e appuntito, una spranga?

I suoi occhi seri registrano ogni dettaglio.

Arrivato da pochi mesi a Milano, ha il compito di stabilire l'ordine, di dare forma a una squadra mobile che possa far fronte alle oscure minacce che si nascondono tra le vie trafficate della città che non dorme mai.

Intorno a lui, i poliziotti si muovono con la precisione di formiche, cercando indizi tra i detriti di una vita spezzata. L'appartamento è un caos di mobili ribaltati e oggetti frantumati, un palcoscenico di violenza e tragedia.

«Una rapina finita male?» chiede un collega.

Ma il commissario Nardone non si lascia intimidire dal disordine, il suo sguardo è acuto, capace di penetrare il velo di quella scena che sembra quasi una scenografia.

C'è un andirivieni di curiosi inarrestabile, che si sporgono nel palazzo o che si appostano dietro le finestre.

Tutti vogliono catturare per sé un pezzetto di quella tragedia.

Nardone nota subito qualcosa di insolito. Due bicchieri, posati con noncuranza sul tavolo, richiamano la sua attenzione. Uno di essi è sporco di rossetto, un dettaglio insignificante agli occhi dei molti curiosi, ma per il commissario Nardone è la chiave per comprendere il mistero che si cela dietro questa scena del delitto.

Non è una rapina, capisce immediatamente il commissario, mentre i suoi pensieri si dipanano come fili di un intricato intreccio.

La vittima ha aperto la porta al suo aggressore, forse una donna, sicuramente lo conosceva. Sicuramente una donna.

«Questo è rancore femminile» annuncia Nardone in direzione dei suoi sottoposti.

L'assassina ha inscenato una rapina, nascondendo dietro la maschera della violenza un segreto più oscuro e inconfessabile.

Il commissario Nardone avanza di qualche passo, il suo respiro regolare è nel silenzio carico di tensione.

9.45

Giancolombo avanza con passo sicuro, quasi a proprio agio. La scena si materializza davanti a lui come un dipinto vivente: l'edificio che si staglia contro il cielo grigio di Milano, le strade affollate di curiosi e giornalisti, e l'aria pesante di mistero e tragedia che avvolge l'atmosfera.

Si fa strada tra la folla, il suo cuore batte all'unisono con l'adrenalina che scorre nelle sue vene. La macchina fotografica è nascosta con cura nella tasca della giacca, pronta a catturare ogni istante di quella scena macabra.

I giornali vorranno saperlo, si dice.

Entra nel palazzo e sale al primo piano.

Quando raggiunge il luogo del delitto, Giancolombo si ferma un istante, osservando la scena con tanto d'occhi.

Deve cogliere l'opportunità che si presenta davanti a lui e farlo il prima possibile. Con un gesto apparentemente casuale, estrae la macchina fotografica e inizia a scattare, catturando ogni dettaglio del macabro spettacolo.

La sua presenza passa quasi inosservata, camuffata dalla sua giovane età e dal suo aspetto ingenuo da inesperto. Gli agenti della polizia, concentrati sul loro compito, lo ignorano o lo scambiano per uno di loro, un semplice osservatore tra tanti.

E così, Giancolombo si muove tra le ombre della tragedia, catturando frammenti di una sanguinolenta verità con il clic del suo obiettivo, consapevole che ogni istante è prezioso per una storia così atroce.

Lui ancora non lo sa, ma il giorno dopo le foto compariranno in prima pagina su tutti i giornali, catapultandolo in un nuovo tipo di notorietà che lo accompagnerà al successo.

Ogni piccolo macabro dettaglio del delitto verrà esaminato, commentato e dissezionato con attenzione famelica dai curiosi.

10.00

Il commissario Nardone osserva Pina Somaschini con un'aria di solenne determinazione.

La donna ha gli occhi arrossati per il pianto e i capelli le ricadono disordinatamente sulle spalle magre.

«Signorina Somaschini, lei sa di qualcuno che potesse voler male a Franca e ai bambini? A Giuseppe? Ci pensi bene.»

Pina, con lo sguardo perso nell'abisso dei suoi pensieri, riflette su ogni parola del commissario, pesando ogni possibile connessione, ogni ombra di sospetto che si insinua nella sua mente.

Non ha bisogno di pensarci bene, ha già la risposta.

Dopo un sospiro carico di disgusto e amarezza, pronuncia un nome che le brucia dentro come il fuoco: «Rina Fort. Sicuramente c'entra qualcosa quella lì».

Le sue parole sono lo schiocco sprezzante di una frusta, un'accusa lanciata con forza e con semplicità allo stesso tempo.

Il commissario Nardone ascolta con attenzione, la sua espressione rimane immutata mentre elabora le informazioni ricevute.

«Prendete la squadra e andate a cercarla all'appartamento di via Mauro Macchi» dice il commissario con voce ferma a un gruppo di poliziotti fermi fuori dal palazzo. Quelli appena ricevono l'ordine si mettono a correre, scansando la folla che si accalca sotto l'appartamento.

Dita hanno toccato la scena del delitto e poi le chiacchiere hanno cominciato a diffondersi correndo e saltando di bocca in bocca: il siciliano che vende i tessuti, i figli uccisi a sprangate.

Un altro poliziotto basso e timido si avvicina a Nardone e annuncia l'arrivo di un telegramma da Giuseppe Ricciardi.

«Ha forato due gomme» sussurra il poliziotto, il suo tono carico di preoccupazione.

«Non può raggiungerci.»

Pina si lascia sfuggire uno sbuffo esasperato.

Il commissario Nardone ascolta con la solita attenzione, ora la sua mente è già impegnata a elaborare i nuovi dettagli.

12.00

In via Mauro Macchi entrano tre uomini in divisa che, dopo aver chiesto informazioni al portiere, salgono velocemente le scale, facendo i gradini a due a due e scambiandosi qualche parola concitata sottovoce. I tre poliziotti si avvicinano alla porta con passi pesanti, scambiandosi altri sguardi nervosi. Rina Fort è per loro una tigre che potrebbe piombare addosso quando meno se lo aspettano con le zanne affilate, una belva assetata di sangue.

Bussano con un impeto che tradisce la loro agitazione, aspettandosi di non ricevere risposta, di sfondare la porta e trovare solo le tracce lasciate da una donna pronta a scomparire nel buio dell'ignoto.

Dopo aver bussato appena un paio di volte, nessuno risponde.

«È scappata quella bastarda!» ringhia uno.

«Io l'ho vista uscire oggi» interviene il portinaio, «magari è andata a lavorare, in pasticceria sapete?»

I poliziotti lo guardano e poi il più alto dei tre dice: «Proviamo in pasticceria».

Si allontanano a passi veloci.

Arrivano in via Settala e corrono fino al numero 43.

La pasticceria è aperta e la vetrina è ingombra di dolci deliziosi.

Rina è all'interno, ride e scherza con un uomo che tiene una tazzina di caffè espresso in mano.

Indossa un completo viola scuro, la sua pelle risplende come un fiore. Una sensazione di stupore li avvolge come una nebbia improvvisa.

Rina li osserva entrare con calma, il suo sguardo impassibile come quello di una statua antica.

Le sue labbra disegnate con il rossetto, un tocco di colore vivace su un volto altrimenti immobile e imperscrutabile.

«Buongiorno, come posso esservi utile? Prego, entrate» li invita con un gesto leggero, come se fosse consapevole del loro scopo e non la spaventasse affatto.

La pasticceria accoglie i poliziotti con un profumo delicato di lavanda, un aroma che si diffonde nell'aria come un abbraccio rassicurante. La tranquillità che permea l'ambiente sembra contraddire la tensione che si accumula nei loro petti, creando un contrasto che li lascia incerti e confusi.

Rina li guarda con una serenità che li sorprende, come se fosse già consapevole della loro missione, come se avesse previsto ogni mossa sin dall'inizio. La sua calma è come una sfida silenziosa.

E mentre i poliziotti si preparano ad affrontare la donna che si nasconde dietro la maschera, il profumo di lavanda riempie l'aria intorno a loro.

I clienti hanno gli occhi piacevolmente spalancati di chi si trova in prima fila a uno spettacolo teatrale particolarmente scabroso.

Nessuno di loro si accorge che oltre quella calma apparente Rina ha gli occhi rossi, il respiro corto e il cuore pieno di terrore.

16.00

Il commissario Nardone rivolge uno sguardo penetrante a Rina Fort, le sue parole tagliano l'aria densa come lame affilate nel buio della stanza.

Il commissario è un uomo corpulento, con i capelli sparuti pettinati all'indietro e una mascella solida e imponente.

La stanza degli interrogatori è stata sistemata in fretta e furia: un tavolino rimediato da un ufficio adiacente con i cassetti tutti scassati e una lampada con la luce forte.

Tre poliziotti sono in piedi dietro al commissario e due sono appena fuori dalla porta chiusa a chiave.

Rina Fort è spettinata, esausta. Ripete da ore la stessa versione, senza che nessuno la ascolti.

Sono convinti che sia stata lei e nulla farà cambiare loro idea.

«Rina» inizia con voce ferma, «tutta questa storia su Giuseppe Ricciardi e Carmelo suona come una ballata mal raccontata. Non credo che lei stia dicendo tutta la verità.»

Rina, con un sorriso esasperato che danza sulle labbra, mantiene lo sguardo fisso davanti a sé, le spalle dritte come se fosse pronta ad affrontare qualsiasi accusa.

«Ma è la verità, signor commissario» ribatte con fermezza.

«Giuseppe e Carmelo mi hanno coinvolta in un piano per spaventare Franca. Sono innocente, non volevo arrecare danno alla famiglia.»

Nardone scuote la testa con una lenta delusione, i suoi occhi scrutano Rina con un'intensità che pare penetrare nell'oscurità delle sue intenzioni.

«Non riesco a crederle, Rina» risponde con voce sprezzante e dura.

«Questa storia è fragile come una tela di ragno. Lei sola ha orchestrato tutto questo. Ha fabbricato le prove, ha creato l'illusione di un complice. Le impronte di una scarpa maschile, con il sangue delle sue vittime.»

Un lampo di indignazione attraversa gli occhi di Rina, ma il suo orgoglio non vacilla.

«Non sto mentendo» dichiara con fermezza. «Sono stata ingiustamente accusata. Carmelo è venuto a prendermi l'altra sera, mi ha detto che avremmo spaventato la Franca così sarebbe tornata a Catania.»

Pausa.

«Avremmo dovuto solo spaventarla. Carmelo è venuto a prendermi e mi ha offerto una strana sigaretta, dopodiché tutto è diventato confuso» si morde il labbro inferiore e poi torna a guardare il suo interlocutore: «Quando siamo entrati io non capivo nulla, poi Carmelo ha tirato fuori la spranga».

Nardone si avvicina lentamente a Rina, la lampadina illumina il suo volto con una luce accecante.

«Rina» sibila con un ringhio basso e scuro, «le sue menzogne non reggeranno. Abbiamo le prove che la incriminano. È tempo di confessare.»

20.00

I giornalisti, nascosti nell'oscurità umida del tunnel in lavorazione, ascoltano con attenzione i suoni provenienti dalla sala degli interrogatori. Il buio avvolge il loro nascondiglio, ma le loro menti sono illuminate dalla sensazione di una rivelazione imminente.

Con le torce in mano e i taccuini pronti, hanno individuato fin troppo facilmente quel cunicolo e si sono piazzati sotto, pronti a cogliere ogni sussurro e singhiozzo proveniente dalla stanza dei segreti. La tensione è palpabile nell'aria, densa come un cortocircuito elettrico, un'energia carica di promesse.

«Sentite che urla là dentro? Qualcosa di importante sta accadendo. Forse sta confessando...» sussurra uno dei giornalisti, il cui respiro affannoso si mescola con l'eco delle parole di Rina.

L'altro annuisce con ferma determinazione: «Sì, ma se non stai zitto non sentiamo niente. Presto con il taccuino, dobbiamo essere pronti a cogliere ogni dettaglio».

Gli occhi dei giornalisti brillano di anticipazione, la loro volontà di cogliere l'istante cruciale traspare nel buio del tunnel.

Un terzo uomo interviene con una nota di prudenza: «Ma quante volte le hanno chiuso le dita nel cassetto della scrivania?»

Uno degli altri risponde a bassa voce, ricordando l'importanza della discrezione: «No, questo non scriverlo».

Nonostante le parole siano sussurrate, il silenzio del tunnel amplifica ogni suono, rendendo ogni parola, ogni respiro, un'esperienza intensa e palpabile. «E anche i poliziotti, senti come gridano? Questo è un momento cruciale» mormora un altro giornalista, la tensione che sale rapidamente nel tunnel, avvolgendo i presenti in un brivido di attesa e aspettativa. Tutti e tre sono accartocciati in quello spazio angusto da qualche ora, le orecchie tese verso l'alto.

Il primo sorride sornione: «Questa sarà una storia di quelle che faranno scalpore. I giornali voleranno via dalle edicole».

La luce fioca della torcia danza sui loro volti, che riflettono espressioni vaghe di ansia e ambizione.

«Shh! Allora, prendiamo nota di ogni dettaglio. Non possiamo permetterci di perdere nulla» lo rimbrotta il secondo.

I loro sussurri si perdono nel buio del tunnel, mescolandosi al tumulto della sala degli interrogatori, dove Rina Fort strepita e piagnucola, interrotta dai grossi abbai di Nardone.

1 DICEMBRE 1946

6.00

Rina racconta la sua confessione ai poliziotti con una voce fredda e distaccata, come se fosse un'osservatrice di se stessa e non una partecipante attiva nel resoconto di quegli orrori.

Sono passate ore dall'inizio dell'interrogatorio, ha i capelli che ricadono molli sul viso, il trucco sciolto per il pianto e il rossetto spalmato fino al mento.

«Quella sera» questa volta inizia con la voce monotona, quasi meccanica «mi trovavo senza meta. Non c'era un motivo preciso per quel che stavo facendo, ma mi ritrovai a entrare nello stabile numero 40 di via San Gregorio. La signora Franca Pappalardo mi accolse con cordialità, il piccolo Antoniuccio tra le braccia.»

I poliziotti ascoltano in silenzio, catturando ogni parola mentre Rina prosegue con il suo racconto.

«In cucina» continua, «la signora Pappalardo mi offrì un bicchiere d'acqua e un liquore al limone. Poi volle chiarire la stranezza della mia visita. "Lei si deve mettere l'animo in pace e non portarmi via Pippo" mi disse. "La cosa deve assolutamente finire."»

Rina riflette brevemente, come se quei ricordi fossero solo un'ombra fugace nella sua mente.

«Poi» prosegue con voce monotona, «ho rotto il collo della bottiglia di liquore e ne ho versato abbondantemente. Accecata dalla gelosia e dall'eccitazione, mi sono avvicinata alla signora Pappalardo. L'ho colpita ripetutamente alla testa con un ferro preso in cucina.»

I poliziotti ascoltano, i volti impassibili nella penombra, mentre Rina continua il suo resoconto distaccato.

«Ho colpito prima Giovannino, poi la Pinuccia e infine Antoniuccio» dice, quasi come se stesse enumerando una lista della spesa.

«Sono poi uscita, confusa e spaventata dal macabro spettacolo che avevo appena causato.»

Le parole di Rina scivolano come un flusso continuo, senza pause o esitazioni, come se fosse una macchina programmata per raccontare la sua confessione con freddezza e distacco emotivo. È stanca, esasperata, con le spalle basse e ripiegate in avanti, a malapena si regge la testa.

«Le vittime agonizzavano ancora quando sono uscita» conclude.

«Non ho dormito quella notte. Il giorno seguente, sono andata al lavoro come se nulla fosse accaduto.»

Il racconto di Rina è un tetro e inquietante viaggio in un mondo di rabbia che appartiene solo a lei e a nessun altro. I poliziotti ascoltano in silenzio, con sorrisi vagamente soddisfatti.

È ovvio che sia stata lei, avvelenata dalla gelosia e bramosa di tenere Giuseppe Ricciardi solo per sé.

I precedenti ci sono già: è risaputo che Rina faceva bisboccia con i tedeschi e tirava di cocaina.

Una donna di cui non ci si può assolutamente fidare.

10.00

Giuseppe Ricciardi varca la soglia della questura con gli occhi spalancati come quelli di un gufo sorpreso nella luce del giorno. L'atmosfera gelida del luogo sembra riverberare la stessa tensione che lo attanaglia dall'interno.

Appena entra, il suo sguardo scivola istintivamente verso Rina, la sua Rina, ma il cuore gli si contrae nel vedere il suo viso sfregiato dalla stanchezza e dallo sconvolgimento.

«Rina mia!» grida, tendendo le braccia verso di lei con un gesto istintivo, ma la sua voce rimane sospesa nell'aria carica di tensione. Rina non ricambia lo sguardo, evitando il contatto visivo con lui come se fosse una pietra d'inciampo sul suo cammino tortuoso.

«Non parlatevi!» abbaia Nardone, intervenendo con tono severo, interrompendo il tentativo di comunicazione tra i due.

Un'occhiata carica di tensione passa tra Rina e Giuseppe, uno scambio silenzioso di emozioni contrastanti che dice più di mille parole. Sembra che sia passata un'eternità dall'ultima volta che si sono visti, eppure, in quel momento, sembra che il tempo si sia fermato, imprigionandoli, bloccandoli a distanza.

Non è più l'uomo che lei ha amato, e forse neanche lei è più la donna che lui ha conosciuto. Niente somiglia più al passato, tutto sembra scivolare in un abisso di incomprensione e disillusione.

Poco dopo, i poliziotti comunicano a Giuseppe la terribile verità: sua moglie e i suoi figli sono morti, vittime di una terribile tragedia mascherata da rapina.

Ma la reazione di Giuseppe sorprende tutti: non una piega sul suo volto, nessun segno di scompiglio o disperazione.

«Una rapina? E cosa è stato rubato?» chiede subito, come se quella fosse la preoccupazione principale, come se il valore degli oggetti possa in qualche modo rivelare la verità di ciò che è accaduto.

«Niente è stato rubato» lo rassicura un poliziotto con un'espressione seria, «una bottiglia è rotta, ma non manca nulla da casa.»

In quella domanda apparentemente banale di un uomo sconvolto, nell'insistenza su dettagli così insignificanti, sembra celarsi un enigma più grande, una chiave forse per comprendere il vero significato di quanto accaduto. Ma questo ai poliziotti non interessa, portano Giuseppe in una stanzetta e chiudono a chiave la porta.

Rina rimane lì, a fissare quell'uscio chiuso con una smorfia dipinta sul volto.

DICEMBRE 1946

Nel buio avvolgente del cinema, gli spettatori si accomodano sulle poltrone logore, impazienti di assistere alla proiezione di *Roma città libera*.

Prima del film parte un piccolo cinegiornale, che svela i misteri e gli orrori accaduti nella casa maledetta di via San Gregorio. Il sibilo dei proiettori si mescola al mormorio sommesso della folla, mentre lo schermo sbiadito si anima con immagini in bianco e nero che catturano l'attenzione dei presenti.

«Casa maledetta, anche prima del delitto Fort. Nel Quarantaquattro una donna si gettò dalla finestra con il suo bambino, nel Quarantasei un uomo freddò un autista.» Viene inquadrata la targa con il nome della via, poi il palazzo.

«Usciva da questa bottega il Ricciardi nel giorno in cui la sua malasorte doveva fargli incontrare Rina

Fort. Anche egli, uno dei tanti borsaneristi che trafficano e vivono in questo quartiere. Catanese, fu la guerra a bloccarlo a Milano. Se la prima a scoprire la strage fu la commessa del Ricciardi, la portinaia giunse seconda. Indica le finestre del tragico appartamento, ripete che quella sera alle diciannove vide passare la Fort che si dirigeva dai Ricciardi.»

Pina Somaschini compare sullo schermo con gli occhi che guardano un punto alto e nascosto al pubblico.

«Il letto è completamente disfatto, fu la Fort a curare la messa in scena del delitto. Ad aprire cassetti per costruire l'usuale apparato indiziario degli omicidi per rapina.»

Le immagini, cupe e inquietanti, rivelano le vicende sinistre che si sono consumate all'interno dell'appartamento, le tragedie che hanno segnato il destino dei suoi abitanti. Il narratore, con voce solenne e tagliente, accompagna le immagini, tessendo una trama di terrore e disperazione.

«Poi infilò le mani in un paio di scarpe maschili, quelle chiazzate di sangue, per imitare le impronte di un complice. Pare abbia bevuto con la vittima prima di iniziare il lavoro. E questa non è più messa in scena, è il linguaggio ottuso delle cose. Il lavandino con l'odore viscido delle stoviglie sporche su cui gocciola lo stillicidio del rubinetto. Sul tavolo, Giovanni di sette anni, aveva deposto la cartella per un domani che non doveva vedere.»

«"Morirai anche tu piccola vipera" gli urlò la Fort quando lui cercava di difendere la mamma mordendo i polpacci dell'assassina. Sette colpi di spranga gli calarono addosso, uno per ciascuno dei suoi anni. C'era poi Pinuccia, una bimba di cinque anni, fuggendo perse la scarpetta, per lei cinque colpi bastarono. Il padre della vittima è arrivato da Catania, l'accompagna il figlio. A Roma, ironia della sorte, dovettero fermarsi perché al giovane facevano male le scarpe. La polizia è piombata fulminea sull'assassina, da più di cento ore la Fort tesse e distrugge il suo racconto tutto avviluppato, tutto trabocchetti.»

«Domestica sedusse il padrone, si diede alla cocaina, iniziò alla droga anche il marito. Dal marciapiede salì più volte a far bisboccia con i tedeschi a cui portava con i rochi baci anche le delazioni. Ma il quadro non è completo: in via San Gregorio la Fort gli ha dato l'ultimo tocco.»

E così, tra il sibilo dei proiettori e il silenzio ansioso della folla, il cinegiornale finisce.

«Hai letto l'articolo di Buzzati?» sussurra un ragazzo alla fidanzata.

«Sì, tu?» risponde lei.

«Sarà difficile che il film sia più appassionante di questo!» ridacchia un altro seduto in fondo alla sala.

10 GENNAIO 1950

La Corte d'Assise di Milano non è mai stata così affollata. Fuori e dentro c'è una fiumana continua di corpi e le voci si sovrappongono, urla e chiacchiere riempiono l'aria.

Sembra un grande palcoscenico vibrante di tensione, tutti allungano il collo per spiare dentro le aule e i corridoi, per cercare i volti che hanno visto sulle riviste e nei cinegiornali.

L'atmosfera è carica di una tensione densa, mentre l'aria risuona delle voci disordinate di coloro che affollano gli spazi.

Poi una macchina si ferma lì davanti e tutti gli occhi si puntano in quella direzione.

«È lei» sussurra qualcuno.

«La Belva di via San Gregorio! Eccola! A morte!» urla qualcun altro.

Rina Fort, scortata con rigida vigilanza dalla polizia e affiancata dall'avvocato difensore, esce con compostezza dal veicolo.

Il cappotto di lana, dono di un passato ormai confuso tra le pieghe del tempo, avvolge il suo corpo come un mantello protettivo, mentre una sciarpa gialla, stretta attorno al volto, aggiunge un alone di mistero alla sua figura. I suoi occhi, freddi e distanti, scrutano la folla con un'imperscrutabile fermezza, mentre al suo passaggio si apre un varco tumultuoso tra i curiosi e gli spettatori. Le voci si alzano e i toni si fanno più forti, qualcuno cerca di aggrapparsi a lei ma viene allontanato dai poliziotti.

Raggiunge l'aula con il suo avvocato a fianco.

All'interno il giudice e gli avvocati prendono posizione, pronti a condurre il processo attraverso le intricate vie della giustizia.

Le sedie risuonano dei tonfi ovattati.

Milena Milani, la giornalista de «Il Tempo», si trova tra la folla, occhi vigili scrutano ogni dettaglio per poterlo descrivere con dovizia.

Ha avuto un colloquio con Rina qualche momento prima, l'ha vista scherzare con il suo avvocato e chiacchierare come se nulla fosse.

La Belva, così la chiamano. In effetti, come tutte le belve ha un certo fascino sinistro: in lei non si percepisce l'ombra della paura e del timore. Affronta a testa alta un momento che in tantissimi avrebbero rifuggito. La si potrebbe definire spavalda, forse troppo, insolente.

Milena stringe la penna consapevole del potere delle parole nel plasmare l'opinione pubblica e si prepara a catturare ogni sfumatura di verità che emerga dal processo.

Intanto, i sussurri sommessi si trasformano in un coro di voci che si alzano e si abbassano, come le onde del mare che si infrangono contro gli scogli, portando con sé le testimonianze e le accuse che definiranno il destino di Rina Fort, ormai conosciuta come la Belva di via San Gregorio.

La sala d'udienza è un palcoscenico, dove i personaggi si presentano per una recita, più superstizione che realtà. La morte di Franca Pappalardo e dei suoi figli è solo un pretesto per molti, assetati di qualcosa di ben più sordido della verità e della giustizia.

Parla la Fort rivolta a un giornalista inviperito: «Lei crede che io sarei così tranquilla se avessi sulla coscienza quei bambini?»

Giuseppe Ricciardi, con voce vibrante di emozione, proclama il suo alibi, sostenendo di essere stato a Prato per lavoro al momento del delitto.

Tuttavia, la sua figura non appare limpida agli occhi della Corte, poiché il suo comportamento sulla scena del crimine solleva dubbi e sospetti. Il suo interesse per gli oggetti scomparsi sembra sovrastare il dolore per la perdita dei propri cari, gettando un'ombra di dubbio sulle sue reali intenzioni.

Infatti, in questura non si è tanto preoccupato della moglie quanto degli orologi, delle suppellettili.

Ascoltandolo Rina sorride, è l'uomo che ha conosciuto: per lui gli oggetti sono tutto e tutto è un oggetto.

Pippo è stato il suo grande amore eppure è anche un uomo vile, egoista quanto lei. Sarebbero una bella coppia anche per i giornali, ma Giuseppe non interessa a nessuno.

Lei è la protagonista assoluta e questo non le dispiace.

"Chissà cosa pensa?" Si chiedono i presenti, guardandola con la sciarpa color canarino avvolta attorno al collo.

Mentre Giuseppe affronta il processo, il suo coinvolgimento emotivo si scontra con le accuse di essere stato un marito e un padre negligente e duro, lanciate contro di lui dal cognato, anch'egli parte civile nel procedimento.

Le sue azioni e le sue reazioni vengono scrutate e giudicate con rigore dalla Corte, mentre il suo coinvolgimento nel tragico evento viene esaminato sotto una lente d'ingrandimento implacabile.

Rina risponde con semplicità e schiettezza alle domande e alle accuse, affronta il suo destino con un atteggiamento di sfida.

Le sue parole alla Corte riflettono una sorta di cinico fatalismo, un rifiuto di piegarsi alle aspettative della giustizia. Il suo nome, ormai associato al terrore di San Gregorio, sembra incarnare una nuova identità, indipendente dalle conseguenze del verdetto che la attende.

All'improvviso due poliziotti portano dentro la stanza un uomo smunto con due occhiaie profonde, tale Antonio Marsico. Lo portano al centro della sala.

«Lo riconosce?» chiede il giudice rivolgendosi all'accusata.

«No» sussurra lei.

«Non dovrebbe essere l'amico di Giuseppe Ricciardi che le ha dato la sigaretta drogata, conosciuto come Carmelo da lei?»

Rina scuote di nuovo la testa piano, poi dice: «No, non lo riconosco».

Una marea di penne si solleva nell'aria.

Non ha riconosciuto il suo complice: è stata lei da sola? Che Carmelo sia diventato irriconoscibile perché consumato dalla terribile vicenda?

Le domande creano un mormorio agitato.

Il processo continua senza troppo slancio drammatico.

Rina continua a negare, poi l'avvocato di parte civile Armando Radice le si rivolge con voce aspra: «Vorremmo crederle, signora. Ma lei in coscienza sa di aver ucciso i bambini. I guanti neri che coprono le sue mani vogliono far tacere la sua coscienza. Perché il guanto nero che fascia la mano è il rifiuto di ciò che quella mano ha fatto».

Rina non risponde, rimane in silenzio nascosta dalla trincea della sciarpa giallo canarino.

Al termine del dibattimento il giudice chiede: «Ha qualcosa da dichiarare Fort?»

Lei guarda il suo pubblico. Li scruta con quegli occhi belli e crudeli.

Si schiarisce la voce, abbassa con due dita la stoffa che le copre il mento perché tutti la possano sentire e dichiara: «Potrei dire che non ho paura della sentenza. Faranno i giudici. Mi diano cinque anni o l'ergastolo, a che può servire? Ormai sono la Fort».

Scoppiano le urla come fuochi d'artificio, qualcuno salta in piedi.

Il leone è saltato attraverso il cerchio di fuoco, la belva si è aggrappata voracemente alle sbarre della sua gabbia.

L'avvocato le lancia un'occhiata apprensiva.

In questo dramma umano, le vite di Rina Fort e Giuseppe Ricciardi si intrecciano in un intricato nodo di colpe e rimorsi, mentre la Corte si prepara a pronunciare il suo verdetto, segnando il destino di entrambi con un sigillo indelebile.

Rina Fort viene condannata all'ergastolo, mentre Ricciardi viene prosciolto da ogni accusa.

Gli applausi soffocano gli ultimi momenti del processo.

11 GENNAIO 1950

A Milano, la città è avvolta da un manto di neve candida e soffice, che ricopre ogni strada e ogni marciapiede. Il freddo pungente stringe tutti nel loro cappotto, e nessuno osa uscire di casa senza almeno due paia di calze per proteggersi dal gelo.

In una piccola boutique, la commessa Silvia sta sistemando con cura un paio di stivaletti con il tacco nella vetrina, cercando di attirare l'attenzione dei passanti nonostante il clima rigido. Il suo sguardo si posa su una donna che si avvicina con aria affannata, con il volto segnato da un'ombra di urgenza e frustrazione.

La donna irrompe nel negozio, e Silvia la accoglie con un sorriso professionale, pronta ad assistere la nuova cliente. «Buongiorno, come posso esserle utile?» chiede con gentilezza, portando una ciocca di capelli dietro l'orecchio.

La donna esprime subito la sua richiesta, e Silvia comprende immediatamente il motivo del suo affanno. «Abbiamo ancora delle sciarpe gialle» risponde, e si china dietro il bancone per recuperarne una dalla scatola, mostrandola alla cliente.

Ma la donna sembra insoddisfatta, e chiede una tonalità specifica di giallo. Silvia scuote leggermente la testa, rammaricata. «Mi dispiace, quelle sono esaurite» risponde con sincerità, consapevole della delusione che può causare.

La donna sospira, manifestando la sua frustrazione per la ricerca infruttuosa della sciarpa desiderata. È una scena comune in città da quando Rina Fort è apparsa in tribunale con la sua sciarpa gialla, che è diventata immediatamente l'oggetto del desiderio di molte.

Silvia cerca di placare la delusione della cliente, assicurandole che nuovi arrivi sono previsti per la settimana successiva. La donna chiede di metterne una da parte, nella speranza di assicurarsi il tanto desiderato accessorio.

Mentre la donna esce dal negozio, il suo sguardo si perde nelle strade animate di Milano, dove molte altre donne sfoggiano sciarpe gialle, diventate simbolo di una tragedia che ha scosso profondamente la città. Le conversazioni fluiscono come un sussurro costante, mescolandosi al frastuono e alla tensione palpabile che aleggia nell'aria.

La sciarpa gialla è diventata un simbolo ambivalente: desiderato e temuto allo stesso tempo, un'incarnazione fisica del male che ha colpito la città. Le ragazze ridono e scherzano con i loro fidanzati, minacciando di indossare la temuta sciarpa gialla come un trofeo di caccia.

12 APRILE 1952

Rina Fort varca l'ingresso del carcere di Perugia con passo deciso, ma il peso invisibile del suo passato la accompagna mentre i suoi occhi scrutano il volto sospettoso delle altre detenute. Il sole primaverile, caldo e dorato, bacia la terra intorno al carcere, portando con sé la promessa di un nuovo inizio, anche se solo temporaneo.

Le guardie la osservano con sguardo severo, ma Rina non si scompone. Con il sorriso gentile e un po' malizioso di chi sa di avere tutti i riflettori puntati addosso saluta le altre detenute che la scrutano con curiosità e sospetto. Ogni sguardo è carico di domande senza risposta, di giudizi silenziosi che pesano sulle spalle di Rina come un fardello invisibile ma incredibilmente pesante.

Tutte sanno chi sia lei, tutte hanno visto le foto e la riconoscono immediatamente.

Entra nella sua cella, un luogo di confinamento che ora diventerà la sua dimora. Il silenzio del carcere è interrotto solo dal lieve sussurro del vento tiepido che filtra attraverso le finestre socchiuse.

In lontananza si sentono i passi delle guardie che fanno incessantemente su e giù per i corridoi.

Sul tavolino sotto la finestra c'è una busta chiusa indirizzata a lei.

Il nome del mittente è tracciato con una linea sottile e elegante. Legge: Luisa Ammanati.

Non è la prima che le scrive, molti curiosi si sono susseguiti negli anni e nei mesi del processo e dell'incarcerazione.

Lettere minacciose o deliranti, richieste e proposte di ogni tipo.

Rina afferra la lettera e la apre lentamente, i suoi occhi scorrono le parole scritte con una delicatezza palpabile.

Luisa si distingue per il tono: gentile, amichevole. Le parla di fiducia e di speranza, di una convinzione ferma nella sua innocenza nonostante le prove apparenti. Le offre la sua mano, un'offerta di sostegno in un momento di disperazione.

Le parole di Luisa risuonano nella mente di Rina come una melodia rassicurante, un raggio di luce che penetra l'oscurità del suo carcere interiore. La promessa di aiuto, di una via d'uscita da questo labirinto di colpe e rimorsi, risveglia in lei una nuova determinazione.

Con il cuore gonfio di speranza, Rina si impegna a scrivere una risposta a Luisa, accettando la sua offerta di aiuto per chiedere la grazia al Presidente della Repubblica.

È un passo piccolo, ma significativo verso la libertà, verso la redenzione che ha tanto agognato.

Il carcere di Perugia diventa così il palcoscenico di una nuova speranza, una luce brillante che rompe l'oscurità della sua prigionia.

E mentre il sole primaverile continua a splendere oltre le spesse mura di pietra, Rina Fort si aggrappa a quella speranza con tutta la forza della sua anima.

12 SETTEMBRE 1975

Rina Fort è in cella come tutti i giorni, la piccola stanza modesta e pulita è immersa in un'atmosfera di silenziosa contemplazione.

La luce fioca che penetra dalle finestre sporcate dalla polvere illumina appena l'ambiente, gettando ombre malinconiche sui muri scrostati.

Regge tra le dita una fotografia sbiadita, un po' arricciata sui bordi, ritratto nella foto c'è un uomo con i capelli scuri, la mascella squadrata e gli occhi grandi. È Giuseppe Ricciardi.

Con la punta del pollice Rina sfiora quei tratti duri che tante volte ha baciato e accarezzato.

I lineamenti di Giuseppe sono immobili, fissi nell'istantanea, eppure sembrano parlare di una vita trascorsa, di esperienze vissute e di rimpianti nascosti.

In quella foto è ancora bello come quando l'ha incontrato, nel pieno del vigore dei suoi anni.

La sua compagna di cella esce dal bagno, la porta cigola leggermente.

«Quindi ti ha concesso la grazia, eh?» dice dando un buffetto tenero sulla spalla a Rina.

«Sì, tra poco me ne vado» sospira lei.

Partirà e andrà a Firenze da Luisa Ammanati, con cui ha continuato a scriversi e sentirsi per tutto quel tempo.

Un'ondata di emozioni contrastanti la travolge mentre ascolta le parole della sua compagna distrattamente, la grande soddisfazione si mescola a un senso sordo di incredulità.

«La grazia...» mormora Rina, la voce appena percettibile nell'atmosfera carica di tensione.

Rina abbassa lo sguardo alla fotografia di Giuseppe, il suo sguardo penetrante sembra quasi scrutare nell'animo della donna. È difficile non ricordare i momenti condivisi, le gioie e i dolori che hanno segnato la loro relazione tumultuosa.

Il delitto. Un pensiero silenzioso va a Franca, Giovanni, Giuseppina e Antonio.

Le loro vite spezzate, il sangue che si è versato.

Giuseppe non ci ha messo poi troppo a riprendersi dal trauma e trotterellava allegro e felice insieme a una nuova moglie e con un nuovo figlioletto appeso al braccio.

Ma Pippo è così, non ci vuole nulla per lui a prendere e ricominciare, gli brucia un fuoco dentro impossibile da spegnere. Nessuna donna potrebbe colmarlo fino all'orlo e spegnere quella fiamma ardente così calda, che ti attira e ti scotta.

«Giuseppe...» sospira Rina, i ricordi affiorano alla superficie della sua mente, avvolgendola in una nebbia di emozioni contrastanti.

Anche se il tempo è passato, Giuseppe rimane un punto di riferimento nel suo mondo interiore.

Il passato sembra così distante ora, eppure continua a esercitare il suo fascino su di lei. Ma con la grazia appena ottenuta, Rina sa che è giunto il momento di guardare avanti, di abbracciare il futuro con tutte le sue incertezze e speranze.

Rimira ancora la fotografia, se la gira tra le mani.

Con un colpo deciso la strappa, facendola in mille pezzi.

MARZO 1988

Rina Furlan avanza con passo lento lungo le strade di Firenze, immergendosi nella bellezza eterna della città che la circonda. I suoi occhi si posano sulla vetrina di una pasticceria, dove i cannoli siciliani brillano sotto le luci calde, emanando un irresistibile invito. Un brivido di nostalgia la pervade mentre osserva quei dolci, evocando ricordi sepolti sotto strati di tempo.

Decide di varcare la soglia della pasticceria e ordinare un cannolo. Solleva il dolce alle labbra, il ripieno di ricotta e zucchero crea una sinfonia di sapori sulla sua lingua, un'esplosione di sensazioni che risvegliano antichi ricordi sepolti nel profondo della sua memoria.

Una lacrima sfugge al suo occhio mentre gusta quel sapore familiare, che la riporta indietro nel tempo, a giorni ormai lontani, a emozioni vissute e ormai sbiadite. Camminando per le strade fiancheggiate da maestose architetture rinascimentali, Rina si ritrova immersa nei ricordi di una vita che sembra appartenere a un'altra persona.

I volti degli amici, le risate condivise, i momenti di gioia e dolore si affollano nella sua mente, mescolandosi in un vortice di emozioni contrastanti. Un sorriso malinconico danza sulle sue labbra, mentre osserva la gente che passa, ognuno con la propria storia, i propri sogni e le proprie speranze.

Giuseppe Ricciardi, il suo ex amante, è morto poco dopo che le è stata concessa la grazia. In qualche modo, Rina sa che quando ha stracciato quella fotografia e si è liberata del suo peso, ha condannato lui inesorabilmente. È un pensiero che la sfiora, che si insinua nella sua mente, ma che poi respinge con un sospiro.

Quella vita, quella storia, appartengono a un'epoca ormai trascorsa, a un capitolo chiuso del suo libro personale. Si rialza, aggiusta la sua sciarpa gialla che danza al vento, e con determinazione butta il sacchetto di carta vuoto in un cestino.

Rina Furlan prosegue il suo cammino attraverso le strade di Firenze, pronta ad affrontare ciò che il futuro ha in serbo per lei. Con ogni passo, si avvicina sempre di più alla scoperta di se stessa, alla ricerca di quella pace interiore che tanto ha desiderato. E mentre il sole del tramonto bacia le antiche strade di Firenze, Rina continua a passeggiare.

DENTRO IL CASO

Ecco alcune cose che dovresti sapere sul caso che hai appena letto.

LINEA DEL TEMPO

- **28 GIUGNO 1915:** nasce Rina Fort a Santa Lucia di Budoia.
- **1945:** Rina Fort e Giuseppe Ricciardi si conoscono nella pasticceria dove lei lavora.
- **OTTOBRE 1946:** Franca Pappalardo, moglie di Giuseppe Ricciardi, raggiunge il marito a Milano insieme ai figli.
- **29 NOVEMBRE 1946:** Rina Fort, forse con un complice, uccide la moglie e i figli di Giuseppe.
- **1 DICEMBRE 1946:** Rina Fort confessa dopo meno di ventiquattro ore dall'omicidio.
- **10 GENNAIO 1950:** comincia il processo contro Rina Fort presso la Corte d'Assise di Milano.
- **9 APRILE 1952:** Rina Fort viene condannata all'ergastolo, Ricciardi viene prosciolto.

- **25 NOVEMBRE 1952:** dopo un tentativo di ricorso alla Corte di Cassazione viene confermato l'ergastolo.
- **1960:** Rina Fort viene trasferita dal carcere di Perugia a quello di Trani per motivi di salute, verrà di nuovo trasferita presso il carcere delle Murate a Firenze.
- **12 SETTEMBRE 1975:** Rina Fort riceve la grazia dal Presidente della Repubblica Giovanni Leone.
- **1975:** Giuseppe Ricciardi muore.
- **1975:** Rina si trasferisce a Firenze e comincia a farsi chiamare Rina Furlan.
- **2 MARZO 1988:** Rina Furlan o Fort muore di infarto.

MILANO DOPO LA SECONDA GUERRA MONDIALE

Dopo la liberazione dall'occupazione nazista nel 1945, Milano e il resto dell'Italia iniziarono un lungo processo

di ricostruzione. Le prime priorità erano ripristinare le infrastrutture essenziali, fornire assistenza alle persone sfollate e avviare l'economia.
Le macerie delle zone colpite dai bombardamenti dovevano essere rimosse e le strade riparate.
Nonostante le difficoltà, Milano mantenne il suo ruolo centrale come importante centro economico e culturale. L'industria milanese, specialmente nel settore tessile e manifatturiero, si sforzò di tornare alla piena produzione. L'importanza della città come centro finanziario e commerciale nel Nord Italia rimase fondamentale per la ripresa economica del Paese nel suo complesso.
La Milano del 1945 era anche un luogo di fervente attività politica e sociale. Dopo la caduta del regime fascista, emersero nuove forze politiche e movimenti sociali che cercavano di dare forma al futuro dell'Italia post-bellica. Milano fu il palcoscenico di manifestazioni, incontri politici e dibattiti sulle direzioni che il Paese avrebbe dovuto prendere.
In sintesi, Milano nel 1945 era una città segnata dalle cicatrici della guerra, ma anche determinata a ricostruirsi e a contribuire al rinnovamento dell'Italia nel dopoguerra. La sua resilienza e il suo dinamismo la

resero un punto focale della rinascita economica e culturale del Paese.

DINO BUZZATI

Dino Buzzati (1906-1972) è stato uno scrittore, giornalista e pittore italiano, noto principalmente per i suoi romanzi e racconti, ma anche per il suo lavoro giornalistico. È considerato uno dei più grandi scrittori italiani del XX secolo.
Buzzati lavorò come giornalista per diversi giornali e riviste italiani durante la sua carriera, tra cui il «Corriere della Sera», uno dei più importanti quotidiani italiani. Durante gli anni '40 e '50, Buzzati si occupò principalmente di cronaca nera, scrivendo articoli su crimini, processi e casi giudiziari di rilevanza nazionale e internazionale.
Anche se Buzzati è noto principalmente per la sua narrativa, il suo lavoro giornalistico, incluso quello sulla cronaca nera, ha contribuito significativamente alla sua comprensione della società e alla sua capacità di dipingere quadri vividi e coinvolgenti della condizione umana.

Dino Buzzati scrisse un famoso articolo sul caso Rina Fort pubblicato sul «Corriere della Sera» nel 1939. Il caso riguardava la giovane Rina Fort, una donna milanese accusata dell'omicidio del suo datore di lavoro, Gastone Sorteni, avvenuto il 13 novembre 1937. Il processo suscitò notevole interesse e fu ampiamente discusso dai media dell'epoca. L'articolo di Buzzati, intitolato *Il caso della signora Fort: un'indagine alla scoperta dell'omicida*, presentava una narrazione profonda e attenta dei fatti. Buzzati cercò di penetrare nelle motivazioni e nei sentimenti dei personaggi coinvolti nel caso, dando vita a un ritratto complesso e coinvolgente della vicenda. Il caso di Rina Fort aveva riportato l'attenzione sulla cronaca nera a Milano dopo la seconda guerra mondiale.

I CINEGIORNALI

I cinegiornali erano una forma di notiziario cinematografico che venivano proiettati nei cinema prima del film principale. Erano una delle principali fonti di informazione

visiva prima dell'avvento della televisione e delle trasmissioni giornalistiche televisive.
I cinegiornali fornivano agli spettatori un'ampia gamma di notizie, eventi e documentari su argomenti di attualità, politica, sport, cultura e vita quotidiana.
Solitamente, questi cinegiornali includevano scene di cronaca, avvenimenti internazionali, eventi sportivi, iniziative sociali, celebrazioni ufficiali, interviste a personaggi famosi e molto altro ancora.
Le immagini dei cinegiornali erano spesso accompagnate da un commento sonoro, che poteva essere registrato prima della proiezione o in alcuni casi essere presentato dal vivo da un narratore.
I cinegiornali erano particolarmente popolari nella prima metà del XX secolo e costituivano una fonte fondamentale di informazione visiva per il pubblico. Oltre a fornire notizie e informazioni, svolgevano anche un ruolo importante nell'incanalare la propaganda politica e ideologica durante periodi di conflitto o regimi autoritari.
Con l'avvento della televisione e delle trasmissioni giornalistiche televisive negli anni '50 e '60, la loro importanza diminuì gradualmente,

poiché il pubblico preferiva ricevere notizie in tempo reale direttamente nel comfort delle proprie case. Tuttavia, i cinegiornali hanno lasciato un'impronta duratura nella storia del cinema e del giornalismo visivo.

METODO E FONTI

Questi contenuti sono stati creati allo scopo di intrattenere e con l'intenzione di fornire informazioni corrette e veritiere. Non potendo accogliere tutte le teorie e le ipotesi formulate nel tempo, si è scelto di selezionare quelle assodate dalle fonti più accreditate e di semplificare alcuni punti per ottenere la massima chiarezza rappresentativa della situazione.

INDICE

Stampato in Italia
presso Galli Thierry Stampa srl, Milano